COLLECTION

ROQUEPLAN

QUATRIÈME VENTE.

MARTIN ET [illegible],
Imprimeurs de la Compagnie des [illegible] assurances générales
rue de Rivoli, 1.

CATALOGUE

D'ESTAMPES

DESSINS ANCIENS, AQUARELLES

Trente reproductions d'après divers maîtres, dont quelques unes retouchées par **C. ROQUEPLAN**, Livres à figures, et Album particulier de l'Artiste,

DONT LA VENTE, AUX ENCHÈRES PUBLIQUES, AURA LIEU

Après décès de

CAMILLE ROQUEPLAN

HOTEL DES COMMISSAIRES-PRISEURS

RUE DROUOT, N° 5

Salle n. 3,

LE LUNDI 17 DÉCEMBRE 1855, A 1 HEURE TRÈS PRÉCISE.

Par le ministère de **Mᵉ CHARLES PILLET**, Cᵉʳ-Priseur,
rue de Choiseul, 11,
Successeur de M. BONNEFONS DE LAVIALLE,

Assisté de M. **FEBVRE**, Expert, rue de Choiseul, 15,

Chez lesquels se distribue le présent Catalogue.

EXPOSITION PUBLIQUE
Le Dimanche 16 Décembre, de midi à 5 heures.

1855

CONDITIONS DE LA VENTE

La vente sera faite au comptant.

Les adjudicataires paieront cinq centimes par franc, en sus des enchères, applicables aux frais.

DÉSIGNATION

DES TABLEAUX.

D'APRÈS CAMILLE ROQUEPLAN & AUTRES MAITRES.

1 — ROQUEPLAN (d'après), par Bard, retouché par le maître. Le Passage du ruisseau. Tiré de Jean-Jacques.

2 — La Promenade dans le parc.

3 — Le Champ de blé. Paysage. Retouché par Roqueplan.

4 — Vue prise à Biarritz.

5 — La Récompense. Retouché par le maître.

6 — MÊME COMPOSITION, mais moins complète.

7 — La Fontaine du Figuier (Biaritz).

8 — Moulin près Amsterdam.

9 — Jeune villageoise assise sur un tertre ; près d'elle une chèvre.

10 — Le Départ pour le marché. Costumes des Pyrennées.

11 — Jeune montagnarde.

12 — Pâtre aragonais.

13 — L'Éloquence. Plafond du Luxembourg.

14 — La Fileuse. Intérieur béarnais.

15 — Tête de jeune fille.

16 — Champ de blé et grande route.

17 — La jeune fille au chapeau de paille.

18 — Paysage. Soleil couchant.

19 — Nymphe et Amour.

20 — Le Printemps.

21 — La déclaration.

22 — L'Automne.

23 — La Bohémienne.

24 — Le Départ.

25 — Le Retour à la ferme. Soleil couchant.

26 — La Musique.

27 — Jeune femme. Costume Louis XV.

28 — Intérieur breton.

29 — Jeunes Béarnaises allant à la fontaine.

30 — CLÉMENT BOULANGER. Un tableau sur pierre, de Wolvick.

31 — PAUL DE LAROCHE (d'après, par Midy). Les Enfants d'Edouard. Aquarelle.

32 — RUBENS (d'après, par Bard). Débarquement de Marie de Médicis sur le sol de France.

33 — Répétition réduite du précédent tableau.

34 — L'Education de la Vierge, d'après le même.

35 — VELÁSQUEZ (d'après). Un Seigneur de la cour de Charles-Quint.

36 — Album composé de 34 dessins, sepia, aquarelles, par Bonjean, Colin, Forest, Francia, Fielding, Géricault, Gué, Prud'hon, Régnier, Rouargue, Schelfout, Stow, etc.

GRAVURES D'APRÈS WATTEAU.

Nota. Nous avons cru devoir reproduire textuelle ment l'orthographe des gravures dans les désignations des sujets.

37 — AVELINE (P., d'après Watteau). Diane au bain.

38 — Récréation italienne.

39 — La Famille.

40 — MOYREAU. Quatre pièces en hauteur. L'Enjoleur.

41 — Le Vendangeur.

42 — Bacchus.

43 — Le Frileux.

44 — AUBERT (M.). Fêtes au dieu Pan.

45 — Rendez-vous de chasse.

46 — Six pièces représentant des sujets chinois, quatre en travers et deux en hauteur.

47 — BARON. L'Accord parfait.

48 — Comédiens italiens.

49 — BOUCHER (François). Les Quatre Saisons, en hauteur.

50 — Suite de douze pièces, Chinois et Chinoises.

51 — COCHIN (Ch.-N.). L'Amour au théâtre italien.

52 — Le Mariée de village.

53 — Retour de Campagne.

54 — La Mariée de village.
    Très belle épreuve, mais rognée.

55 — CRÉPI (N.). Paravent de six pièces en hauteur.

56 — La Perspective.

57 — DESPLACES (Louis). Le Repas de campagne.

58 — JEAURAT. Suite de douze pièces, costumes chinois.

59 — DE LARMESIN (Nicolas). L'Hiver.

61 — HUQUIER. Les Quatre Saisons.

62 — Les Cinq Sens.

    Deux suites composées chacune de six pièces pour écran.
    Deux pièces en largeur.

63 — L'Amusement.

64 — L'Heureuse Rencontre.
    Deux pièces en largeur.

65 — Divinités chinoises.

66 — Empereur chinois.

67 — Les Quatre Saissons (médaillons).

68 — Les Quatre Saisons en largeur.
    Quatre pièces en hauteur.

69 — La Grotte.

70 — Le Berceau.

71 — Le Théâtre.

72 — La Déesse.

73 — Les Quatre Éléments en hauteur.

---

74 — Les Jardins de Cythère.

75 — Les Jardins de Bacchus.

76 — Le Temple de Diane.

77 — Le Temple de Neptune.

---

78 — La Pélerine altérée.

79 — Le Chasseur content.

80 — Le Repos gracieux.

81 — Apollon.

82 — Diane.

83 — L'Innocent badinage.

84 — Les Plaisirs de la jeunesse.

85 — Les Oiseleurs.

86 — Le Repos des pèlerins.

87 — Le Berger empressé.

88 — Le Jardinier fidèle.

89 — Lebas (Jacques-Philippe). La Gamme d'amour.

90 — L'Ile enchantée.

91 — Assemblée galante.

92 — Liotard (Jean-Michel). Comédiens Français.

93 — Moyreau. La Musette.

94 — L'Alliance de la Musique et de la Comédie.

95 — Colombine et Arlequin.

— ❋ —

96 — Les Singes de Mars.

97 — La Cause badine.

98 — Les Enfants de Momus.

---

99 — Fêtes bachiques, par Jean Moyreau.

100 — La Balanceuse, par Le Bas.

101 — Partie de chasse, par G. Scotin.

102 — Le Mai, par P. Aveline.

103 — Scotin (G.). Les Fatigues de la guerre.

104 — Tardieu (Nicolas-Henri). L'Embarquement pour Cythère.

    Très belle épreuve, mais rognée au trait carré.

105 — Les Plaisirs. Pastoral.

106 — Watteau (Antoine). La Troupe italienne, épreuve avec l'adresse de François Chereau.

107 — Autre sujet faisant pendant, gravé d'après le le même par Thomassin le fils.

    (Ces deux estampes sont imprimées sur la même feuille.)

103 — Trois pièces d'après le même :

Le Galant, par B. Audran.

Vénus blessée par l'Amour, par S. Aveline.

L'Escarpolette, par L. Crepi.

Plus un titre, l'Art et la Nature.

109 — Quatre pièces en largeur d'après le même :

Le Berger content, par L. Crepi.

Le Marchand d'orviétan, par J. Moyreau.

La Favorite de Flore, par le même graveur.

L'Heureux moment, par L. Crepi.

110 — Cinq pièces d'après le même :

Dessus de clavecin, par Caylus.

Dénicheur de moineaux, par le même.

Un autre sujet, figures et ornements, par le même.

La Voltigeuse, par Huquier.

Les Canards, par Jeaurat.

111 — Quatorze pièces d'après le même, par divers graveurs.

GRAVURES PAR DIVERS MAITRES.

112 — ARDELL (Janus-Mac). Le portrait en pied de Rubens, ayant à côté de lui sa femme qui mène un enfant à la lisière.

Morceau en hauteur d'après Rubens, épreuve avant la lettre.

113 — **Beam** (Ansebald). Une femme conduite par deux paysans venant prier à danser d'autres qui sont encore à table (B. 161).

114 — **Boel** (Pierre). La Chasse au sanglier (B. 7).

115 — **Bosse** (Abraham). Le Maître d'école.

116 — **Bry** (Jean-Théodore de). Marche militaire, au centre de la composition un homme porte un étendard.

117 — **Claudia Stella**. Quatorze pièces, sujets de la Passion d'après Poussin.

118 — Idem   idem.

119 — **Callot** (Jacques). Les Misèxes de la guerre.

120 — **Dietricy** (C.-G.-E.). L'Enfant Prodigue.

121 — **Frey** (Jean de). La Démonstration anatomique, par le professeur Nicolas Tulp, d'après Rembrand.

   Épreuve avant la lettre.

122 — **Goltzius** (Henry). Massacre des Innocents.

123 — **Hackaert ou Hackert** (Jean), Les Quatre arbres. (B. 5.)

124 — Le Rocher baigné par une rivière (B. 5.)

125 — **Mercuri** (Paul). Les Moissonneurs dans les marais pontins, d'après Léopold Robert.

   Belle épreuve sur papier de Chine.

126 — MULLER (Jean). Le portrait de Christien quatre, Roi de Norvège, et de Claire Eugénie, infante d'Espagne, d'après Rubens.

127 — PICHLER. Les fils de P. P. Rubens, d'après Vandick.

128 — ROTARI (Pierre). Saint-Louis, évêque de Toulouse, et la Sainte-Famille, attribuée à Pierre Facini.

129 — SCHENAU où SCHOENAU (Jean-Eléazar.) Six sujets de figures, en hauteur.

130 — SUDEYROEF (Jonas). La Chûte des reprouvées, d'après Rubens.

131 — VANDICK. Quatorze portraits d'après ce maître, un autre d'après Livens.

132 — VISSCHER (Corneille de). La Vierge aux Anges, d'après Rubens.

133 — WITDOECK (Jean). Melchisédec, d'après Rubens.

134 — Quinze pièces, par divers maîtres.

135 — Quatre pièces, par Van der Cabel, A. Genoel, Herman Swanevelt et Vaterloo.

136 — Trois pièces, par Fratel, Laurent de la Hire et Vien.

DESSINS ANCIENS.

137 — GIORDANO (Luca). Sujet pastoral, au bistre et à l'encre de Chine.

138 — GRAF (Ursus). Sept sujets de figures à la plume.

139 — LEBAS (Jacques-Philippe). Sujet de figures à la mine de plomb, et à la plume.

140 — PACCETTI (Bernard). L'Assomption de la Vierge, à la plume, lavé d'encre de Chine, réhaussé de blanc.

141 — VERNET (Joseph). Étude d'après nature, à la mine de plomb.

142 — Études aux crayons noirs et rouges, par divers.

LIVRES A FIGURES.

143 — Cartons de Rome et de ses environs, par Bartholomé Pinélli, gravés par Gustave, Cotta Fava, etc., 1824.

144 — Un volume in-folio. Les Artistes contemporains, lithographiées par Mouilleron, Anastasi, C. Muntent et autres.

145 — Un volume in-folio. Vues d'Italie et de Suisse, litgographiées d'après Michalon, par Villeneuve, Deroy et Renouy, 1829.

146 — Un volume in-folio. Les meilleures œuvres de Titien et Véronèse, gravées par Lefèvre. 1682.

147 — Un volume in-folio de la galerie Stukken, gravé par Ponte, d'après Rubens. 1751.

148 — Un volume in-folio. Recueil d'Estampes gravées d'après les peintures antiques, italiennes, etc., gravées par Desnoyer, Godefroy, Aubert et Potrelle.

149 — Trente lots de gravures, italiennes, hollandaises, flamandes, allemandes et françaises.

150 — Lithographies d'après Bonighton, Decamps, Géricault et autres.

151 — Les objets omis.

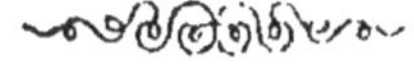

Maulde et Renou, Imprimeurs de la Compagnie des Commissaires-Priseurs rue de Rivoli, 144.

8019